AF274336

MATEMÁTICA SUBJETIVA

MATEMÁTICA SUBJETIVA

ÁNGEL MORA ROMO

Colección Generación del Vértice, 229

MATEMÁTICA SUBJETIVA

© De los textos
ÁNGEL MORA ROMO

© Imagen de la portada
Aritmética orgánica
JOSÉ CARLOS CALVO
Fotografía. 35 x 35 cm

© De la edición e impresión
CELYA EDITORIAL
Apdo. Postal 1.002
45080 Toledo
Tel.: 639542794
celya@editorialcelya.com
www.editorialcelya.com

Primera edición: Febrero, 2026

ISBN: 978-84-19933-30-0
D.L.: TO 1-2026

Cualquier forma de reproducción, distribución, comunicación pública o transformación de esta obra sólo puede ser realizada con la autorización de sus titulares, salvo excepción prevista por la ley. Diríjase a CEDRO (Centro Español de Derechos Reprográficos, www.cedro.org) si necesita fotocopiar, escanear o hacer copias digitales de algún fragmento de esta obra.

PRÓLOGO

Hay más verdad en algunas ficciones que en la realidad. Con frecuencia se recurre al artificio para construir un relato interesado y normalizar o dar carácter de verosimilitud a una fábula, que desemboca en un formalismo social, adaptado a un concepto, por lo general, comercial.

Escribo desde y sobre la grieta, desde las fronteras físicas y mentales donde se quiebra la realidad y se produce la herida, donde se socava lo íntimo y lo colectivo, lo social y lo humano. Quizá buscando dar un punto de sutura o señalar el descuido y la desidia; el desgarro, la deshumanización. Quizá por explorar algún modo de reparación de esa realidad quebrada.

Evito los caminos cortos de la complacencia y la uniformidad. Rehúyo la belleza estéril, sin misterio. No renuncio a la abstracción y a un ensimismamiento moderado, saludable, jocoso.

Así construyo al artesano que anhela llegar a manejar este instrumento ingrávido, que busca la palabra como herramienta útil para abrir y descodificar, o para alumbrar la duda. Que sueña con vocablos que tengan la determinación de llegar más allá de lo literario, que sepan transitar por mundos sutiles desnudando el imaginario, que conciban espacios donde proyectar lo posible y construir algo saludable, razonable.

Palabras coherentes edificadas con vistas al conocimiento, con voluntad de calar toda piel, toda conciencia. Artefactos equipados con lupa y apertura de foco para observar lo importante, lo necesario de lo insignificante. Rescatar lo frágil, lo esencial. Dar con la voz que sugiera sin ordenar, que cure y cuide. Que descubra sin colonizar.

La obra no pierde de vista los exteriores. Su porosidad hace posible que entre la actualidad. En este contexto surge.

EL AUTOR

A Xoel.

Cuando llego cansado y roto,
la casa es un hospital,
su abrazo la UCI.

Me puedo desdecir,
pero no lo descuento ni lo descanto.

La Humanidad naufraga
en su incontinencia
por una matemática subjetiva.

LA ÚNICA PROPIEDAD

Ese sueño, con la elipse
que te circunda desde hace años,
ha perpetuado su órbita
en torno a tu mente,
entreabierta las veinticuatro horas.

Desahuciado, espera
a la intemperie un gesto,
una llamada, una atención.

Aquel sueño que llegó puro,
que descubriste ya nacido,
que se mostró discreto,
—casi poético—
que era insignificante,
lo has contemplado durante años
mientras daba vueltas a tu cabeza
como una luna errática.

Lo has visto crecer sin alimentarlo,
y ahora se hace importante, necesario.

Pero aún tienes dudas:
no sabes si dejarlo girar errante
o disparar y derribarlo.

No sabes si recogerlo, abrazarlo
y reconocerlo como propio.

Porque, en el fondo, sabes
que es la única propiedad
de que dispones.

ESTÁ HECHO

Como cada día,
el panadero amasa la harina.
Hace pan.

El relojero ajusta con precisión
el mecanismo de rotación
de las manillas en las esferas.

Los sanitarios curan y cuidan.

Los bomberos acuden
a las emergencias,
sofocan y salvan.

Los pájaros hacen sus nidos
y ensayan sus trinos y parlamentos
en campos, parques o plazas.

El sol hace posible un buen día
de primavera en este invierno.

La ciudadanía hace colas,
hace la compra,
hace cuentas, hace planes.

Cada cual hace o deshace.

Todo acontece dentro
de la más absoluta cotidianidad
del ajetreo diario.

Y allá, en el fondo,
en un desierto frío
de nuestra conciencia,
todos sabemos
que el mal ya está hecho.

COMO SI...

Vivir en la suposición,
incapaces de poner en pie
lo que se da por sentado.

Como si hubiese que validar
cualquier descabellada hipótesis
que la creatividad
haya podido imaginar.

Jugando con el milagro
como si no se rompiera,
como si no hubiésemos
perdido la inocencia.

Con la presunción de manejar el tiempo,
contarlo, como si pudiésemos retenerlo,
como si no lo perdiésemos.

Expoliando los recursos
como si fuesen nuestros y sospecháramos
que nuestros hijos nos los fuesen a robar,
como si rehuyésemos los agradecimientos.

Como si no actuásemos
interpretando la sensatez,
como si fuésemos capaces
de ordenar el caos.

Tenemos respuestas para cosas
impensables o impensadas,
como si hubiésemos formulado
la pregunta correcta.

(...)

Regamos el hormigón y el asfalto
como si cuidásemos
de la naturaleza.

Contaminamos
como si se pudiesen mezclar
la pólvora y el fuego.

Creemos en lo improbable
como si hubiésemos
comprendido lo esencial.

ENTRE LAS MANOS

Dispersos nos mecemos
en la mecánica insulsa de los días,
hay cierto disfrute en ese balanceo.

El placer inocente de todo carrusel.

Ese dejarse llevar por la corriente,
detenida en balsas mentales,
sin pensar si vamos o a dónde.

Hacemos de ese fluir algo propio, íntimo,
como hacemos nuestra la victoria
de un equipo de fútbol
o los gustos de cualquier algoritmo.

Entonces no imaginamos
experiencia comparable a las rebajas.

El melodrama de los venenos especulativos.

Una aritmética aparente
cuadra en las bolsas,
donde los números bailan
buscando la cuadratura del círculo:
la simbiosis imposible
de dos irrealidades antagónicas:
la bolsa y la vida.

Todo caos simula un orden.

La solemne tapadera necesaria
que exige todo gran espectáculo
de masas.

(...)

MATEMÁTICA SUBJETIVA

Afrontamos con frenético desconcierto
y serias divagaciones inconexas
nuestro papel de náufragos errantes
en un tiempo trepidantemente detenido.

Entregados al Sumo Creador
de los mercados.
Incapaces de procrastinar
el viaje a la implosión.

Añorando alcanzar
la enigmática luna llena,
para verla menguar
entre las manos.

EL NIÑO FAMÉLICO

El niño famélico
tiene sueños de asesino.

Despierta con sentimiento de culpa
y un vacío literal en las entrañas.

Reza para que su buen dios,
que imparte justicia,
premios, castigos,
riquezas y alimentos
a los fieles creyentes,
no le envíe más penitencia:
se ha empachado ya de hambre.

Intentará no volver a fantasear,
aunque no puede prometerlo
porque no gobierna el subconsciente
ni las finanzas.

Piensa que está siendo castigado
por vulnerar el quinto mandamiento.

Cada noche sueña
con poder matar el hambre.

PLANETA DECEPCIONADO

Como una idea desahuciada
da vueltas el planeta decepcionado
en una rotonda del Universo.

Gira errática la Tierra
trazando elipses,
desganada en su triste rodar.

Víctima
de relaciones incestuosas,
orbita ultrajada
en espacio de nadie
la vieja diosa.

No bastó crear serpientes
para custodiar el paraíso.

Amamantó especuladores suicidas.
Parásitos con delirio matricida.
Con el arado de la avaricia
sembraron reinos y mercados;
abrieron grietas, despertaron codicias.

La Pachamama
lleva cicatrices en los costados
que supuran recursos naturales:
una provocación
para los tipos de interés.

Rota decepcionada la Tierra,
vaga el planeta arrasado,
en la rutinaria noria de los días,
esquilmada, bombardeada, asediada...

(...)

Operada de vegetaciones,
le está subiendo la fiebre.

Gira errática la Tierra
como idea desahuciada,
como el globo abandonado
tras la fiesta.

SER

Ser uno y no ser otra cosa.
No ser nada más.

Ser uno como mucho.
Como muchos.

Ser algo, si es que puedo,
si es que sé,
si es que soy.

Ser nada y ser único.
Ser uno entre todos
y ser uno mismo.

Ser portador.

Ser igual y ser
distinto de otro ser.

Ser sin sombras, transparente,
ser con todas las consecuencias,
ser sin poseer, sin fantasear,
sin ser para tanto ser para algo,
ser algo para otro ser.

LOS FAROS

Los faros
leen en la noche,
adivinan las rutas
en las cartas.

Saben todos los pasos
que no hemos dado.

Ven las huellas
del camino
que no hemos hecho.

Saben qué parte
del pretérito
es ficción,
si el presente
es un guion adaptado
o si el pasado
puede salir indemne
en el futuro.

SE ASEGURÓ DE SER EL SOÑADOR

Examinó con detalle los sueños,
se aseguró de ser el soñador.

Estudió los vínculos entre ambos,
y convocó al deseo que los parió
y les invitó a un careo.

Las ruedas de reconocimiento
crean lazos afectivos
o producen rechazo.

No quería ser espectador
del documental de sus renuncias
y descubrir en los créditos finales
que el soñador era otro.

Quería asegurarse de no ser un figurante.

Conviene saber
quién es el propietario
de cada sueño y cerciorarse
de no estar viviendo sueños de otros;
por si se tornasen en pesadillas ajenas
o pudieran provocar metástasis delirantes.

Confesó que en alguna ocasión
había extraviado el coraje
y eligió el brillo falso de lo fácil,
el perfume empalagoso
de la complacencia,
o se orientó con la brújula
manipulada del miedo.

(...)

Se somete a escáneres diarios,
se asegura de pasar el antivirus,
vigila su copa para no ser víctima
de la sumisión onírica.

LA PELOTA

Mi perro necesita
sentirse querido.

Yo cubro sus necesidades,
le expreso mi cariño.

Él se muestra divertido y alegre,
adopta una actitud obediente
para complacerme.
Y lo hace.

Le lanzo la pelota
y corre tras ella.
La coge y la trae
meneando el rabito.

Dejo que me lama.
Le doy un «me gusta»:
le acaricio
y le digo palabras cariñosas
de aprobación
en un tono absurdo
que parece comprender.

Con su mirada y su actitud
me dice que repitamos.

Me llama poderosamente
la atención una mujer
que pasa cerca de nosotros.

(...)

Me quedo mirando
con el labio medio caído.
Babeando.

Ella mira sin interés,
yo esbozo una sonrisa boba.

Me quedo esperando...
soñando que me lanza una pelota.

SOLEDADES CARNALES

Respecto a actos carnales:
la gimnasia sin amor,
por mucha repetición,
no resuelve soledades.

QUÉ PALPO

Qué palpo cuando acaricio
tu cuerpo que se entrega
sin generosidad
y ensayas una grata pereza.

Tacañería y placer:
imposible conjugar.

Pienso dónde estarás.
Quizás resolviendo algo inaplazable,
tal vez has salido de viaje astral,
y soy el custodio del abandono.

Intento mezclar dos elementos
de distinta densidad
en diferentes estados.

Ignorada la erótica
y despreciada la poética,
todo se reduce
a un ejercicio gimnástico.

En estas industrias
no se alcanza la épica.

Todo queda reducido
a un mármol
sin vocación artística,
sin proyecto.

(...)

Un latido ocioso
y arrítmico
sin capacidad de trascender
o merecerse evocar.

En esto sí estarás conmigo...
Esto no es quedar.

PIE IZQUIERDO Y PIE DERECHO

Yo, que siempre llego tarde
y los relojes no esperan
nada de mí,
llegué demasiado pronto
para amarte
y aún no habías abierto.

Estabas despreocupada,
contemplando los barcos
pintados contra un horizonte
claustrofóbico
y no se activaba la apertura.

Atesorabas cosas inservibles
y no tenías intención de desatarte.

Decidimos hacer un trayecto juntos,
recorrimos caminos paralelos
—pie izquierdo, pie derecho—
que a veces llegaron a cruzarse:
—tiernos tropiezos—
evanescentes intersecciones,
paraísos fugaces.

Las estaciones de origen
y destino eran antagónicas.
No había interés
ni estaba de Dios
cambiar el rumbo.

Ni poner en sincronía
la biología de los relojes.

CUERPO INTACTO

Pienso en el deseo seco
del cuerpo intacto
que aguarda desnudo
el temblor y su eco
del abrazo
y su nudo.

Ha llegado a pensar
que el amor
olvidó su dirección
o que por error
se ha entregado
a cualquiera.

ESCUCHO

Escucho con atención
lo que dicen sus ojos.

Me fascina
cuando lo subraya
con un sutil
gesto de sus labios.

El lenguaje universal
de su cara
es transparente,
habla a la vista.
Salta a la boca.

Estoy especialmente interesado
y atento a todo aquello
que no dice,
porque es importante
para nuestra supervivencia
y esencial para la poesía.

NO AÑADIREMOS UNA GOTA

Admitió que hubiese sido
una temeridad y un desperdicio,
que solo estuviese
contenida en él.

La posesión es un derroche
que derrota.

Nunca quiso retenerla,
por prudencia y por principios.

Confesó que nunca soñó
atesorar tanta riqueza.

Cuando el vaso se llena
es inútil añadir
una gota más,
es un exceso vano.

La miraba con ternura,
con deseo.
Dijo: soy finito,
sea virtud o defecto.

Sería injusto
retenerte, acapararte.
Las aguas tienen su curso,
misión y recorrido.
Sus ciclos.

Te he bebido con gusto,
con sed.

(...)

Estuvo bien llenarse
y vaciarse cada día.
Lanzarse el fuego,
evaporarse.

Ahora corramos
sin hacer presas,
hacia otros continentes
e incontinencias,
otros mares, nubes,
charcos.

No añadiremos una gota más,
evitemos inundaciones.

ESPEJISMO

Te vi volver de algún naufragio.
Mala mar al cruzar aquel acuario,
donde hay tiburones
con piel de pez payaso.

Fue después de rodar la diosa fortuna
y después de girar soles y lunas,
que amanezco dentro de ti:
eres destino.
Ama, ama, amanece.

Como un espejismo llegó
con flores del desierto.
En un reloj de arena vivió,
viajó a través del tiempo.

Ven aquí, píntame,
la niña de mis ojos,
tu canción cántame,
haz que lo inunde todo.
Vámonos rimando de aquí,
somos dos versos sueltos.
Rima, rima, rímame.

OTRO PARPADEO

Te levantas
sigilosa
de la cama
por no despertarme.

Entreabro los ojos
perezosos.

Te veo desnuda:
materia prima.

Buscas algo
que ponerte.

Mi retina,
turbada,
suplica
que alguien
al mando,
dé la orden
para otro
parpadeo
antes de arder.

Me agito,
me desvelo.

Hay tanta belleza
en esta imagen
que desisto
y vuelvo a la realidad,
a tu arquitectura...
admito no poder
soñar nada mejor.

HOJEO EL TECHO

Date prisa,
no habrá paz mientras no llegues.

Mientras tanto,
hojeo el techo
donde se alojan las palabras
y busco las que te definan:

transparente, luminosa,
brillante... impuntual.

Mis manos no dejan de recordar
e imaginar caminos.

Te calculo, te leo, te descifro.

Pienso en la tierna
ferocidad que desnudas
y la serenidad
para provocar la locura.

Me gusta cuando vamos
a ese tiempo
en el que los relojes
se quedan rezagados
y celebro las demoras.

Y siento la atracción
al gravitar
en tus lunas.

Impuntual, inusual...
—suena el timbre—
...al punto. En paz.

VACÍO

Cuando está
fuera de sí
yo también
estoy fuera
de ella
y a la vez
fuera de mí.

No hay lugar
para el reposo.

No hay lugar.

El vacío
se hace inmenso:

un espacio inabarcable
sin vistas y sin jardín.

Algo que nuestra
infraeconomía
no debiera permitir.

NOCHE DE PAISAJE EXTRATERRESTRE

Esta noche
de paisaje extraterrestre,
con estrellas que son soles,
con galaxias y con luna.

La luz
de un cometa errante
cruza el cielo
y raya el lienzo.

Gravitas en torno a mí.
El baile ha dado comienzo.

Y yo he podido sentir
que estoy ya dentro de ti
y es la noche
de los tiempos.

LOS SUEÑOS DEL MEDITERRÁNEO

Algún día
tendríamos que salir
a pescar
por el Mediterráneo
todos esos sueños ahogados.

Deberíamos saber
de qué están hechos,
de qué tratan.

Ni la glotonería del mar
puede digerir una historia más.

La ingesta de proyectos
truncados
le deja en un lugar
que no le corresponde.

Guardia, verdugo,
abogado del diablo
y juez parcial.

Navegantes de desiertos,
surferos de dunas, incapaces
de caminar sobre las aguas.

Cuántos abismos
bajo el horizonte líquido,
donde agua y cielo
se funden,
para ser la misma cosa.

Algún día tendríamos
que ir a pescar
a ese limbo amniótico.

SOBRE LA TIERRA

Una
  " vez
  " " extirpado
  "   "   "   el
  "   "   "   " animal
  "   "   "   "   " queda
  "   "   "   "   "   " solo
  "   "   "   "   "   " " el
  "   "   "   "   "   " " " amor

sobre la Tierra.

PROPÓSITOS

Tomar la concienzuda decisión
de no mirar para otro lado.
Evitar la temeridad
de querer avanzar
mirando hacia atrás.

Descartar cualquier mimetismo
emocional con la piedra.

No cometer la imprudencia
de dejar de sentir
que siempre se está a tiempo.

Da miedo llegar a ser
un ser inútilmente celebrado.

Tanto como convertirse
en el taxidermista
de certezas,
cuando el mayor capital
se ha obtenido a través de
los beneficios de la duda.

Da pavor
que sorprenda la muerte
sin llegar a haber nacido.

No vaya a ocurrir
como a aquel que vio
muchas veces salir el sol
pero en él nunca había amanecido.

AQUELLO QUE SE ESCONDE

Todo aquello que se esconde
de sí mismo
dentro de las palabras,
de los subterfugios.

Toda la parafernalia
del camuflaje
para las almas y fantasmas
del gran espectáculo
en el teatro del mundo,
–donde nunca se cierra–
donde cualquiera
quiere parecer algo.
Donde lo falso
finge ser original.

Eso que
–por pudor o astucia–
no se revela
y desvela
un gesto inconsciente.

La imagen
que deja lo ausente.

La inquietud
tras encontrar
algo irracional
en un hecho cotidiano.

El silencio cortante
al descubrir
la asimetría de dos
medias naranjas.

ANTE LOS PODERES (POR SU SEGURIDAD)

Las alarmas sordomudas
de la seguridad Mundial
desprecian las señales
de emergencia.

Ocupadas en hipotecar vidas,
asegurar las ganancias
y recolectar sangre,
para lubricar la vagina insaciable
del motor económico,
que tala, perfora, engulle,
explota, contamina y agota,
para producir tiempo
devaluado a comida basura.

Libertades vigiladas,
derechos retorcidos,
seres secuestrados
por su seguridad.

Mientras,
casi en otro lugar...

Qué hace la Autoridad,
los controladores,
los servicios de inteligencia,
cuando nos enfrentamos
a la sublevación del Clima,
a la disidencia del Aire,
al carácter indómito del Agua,
a la insumisión de la Tierra,
o al terror hipnótico del Fuego.

¿Habrá detenciones?

SOMOS

Somos el viaje, el viajero,
el equipaje,
el camino y el destino.

Somos actores, el público,
los personajes,
el texto, la voz y el escenario.

Somos el sueño,
el soñador y lo soñado.

Somos la música, la partitura,
el ejecutante,
instrumento y danzante.

Y al igual somos amor,
amantes y amados.

–Quiero pensar–.

MAL NEGOCIO

Como cada día,
desde hace años,
el mendigo se sienta
a la puerta de un centro comercial.

Hace un cuenco
con sus manos
y extiende los brazos.

No pide.
Ofrece.

De corazón
dona su pobreza.

La da a cambio de nada.

Tan solo
espera que un alma
caritativa lo libere.

SI SALTARAN LAS ALARMAS

Aquí, sin ir más lejos,
donde se producen catástrofes,
donde las ociosas alarmas
conectadas al mercado
aquilatan las víctimas sin alarmarse.

En el mundo del entretenimiento,
con tecnologías y zanahorias
van acunando los sueños clientelares,
por su seguridad.

En la placenta de los seguros
se gesta la madre sin amor.

Las alarmas son un artículo
de lujo, tan esencial como inútil:
en el universo
del ornamento doméstico,
en el negocio empresarial,
en lo privado o lo público.

Su afonía les impide ser oídas:
una catástrofe para los ecosistemas,
donde saltan de terror
las necesidades, las urgencias.

Las seguridades entran en pánico,
se viralizan y neutralizan.

(...)

Corre el miedo por las venas,
salta el aire por los gases,
muere el bosque por las llamas,
se ahoga el mar plastificado,
duele el agua envenenada.

Si saltaran las alarmas
plantaría una canción,
el mundo festejaría,
con total seguridad.

Sin pólizas ni presunta protección,
sin contrato o condición,
a otro ritmo danzaría.

DESAPASIONAMIENTO

El rostro del personaje muestra
un individuo neutro,
que teme expresar algo que lo delate.

Oculta también una sobredosis de indiferencia,
producto a la vez de la gran indolencia
del pintor, que no consigue plasmar una emoción
ni propia ni ajena.

No está en el ánimo de ninguno que el retrato
sea portador de algún arte o revelación.

Tanto el modelo como el pintor
han quedado retratados.

En el museo,
los observadores contemplan
con estricta frialdad
la insulsa escena,
en la frenética visita turística
que apenas permite más
que unos atropellados selfis.

La urgencia impide
cualquier conexión,
—excepto la wifi—
a los extraviados turistas
que fuerzan una mueca
que imita una sonrisa,
sin ocultar su displicencia.

Y así, sucesiva y fugazmente,
queda inmortalizada la muerte
en una de sus múltiples variables:

el desapasionamiento.

DAR POR HECHO

Puedo cruzarme de brazos
y darlo por hecho,
pero solo hago cruces
de pensamientos, miradas...

No sabría qué hacer
si lo doy por hecho,
ni cuál sería mi papel.

Pienso si el Albur o el Azar
dan algo por hecho.

Y cuál es el proceso
que pone en marcha el Albur
cuando algún proyecto
cae en sus manos.

Parecido al del Azar,
supongo. Lo desconozco.

Se da por hecho que cualquiera
de los dos sabe resolver cuestiones
a favor de la Desidia.

Yo mismo he estado tentado
de dejar todo este asunto
en manos del Albur.

Confieso que me intriga
el resultado.

DOCTOR, ¿ES GRAVE?

Doctor,
a veces no digo lo que siento.
A menudo no manifiesto lo que pienso,
lo oculto o me hago el distraído.

A veces, por ser correcto,
digo cualquier convencionalismo,
que es peor que no decir nada.

No sé quién soy
pero sé que, en circunstancias,
soy capaz de decir
lo contrario de lo que opino,
y lo puedo decir con extraña
convicción y cordialidad,
aunque confieso que lo expreso
sin saber exactamente
lo que tengo en la cabeza.

Me resulto un gran desconocido.

Mi verdadero Yo se maquilla,
le gusta transformarse
y juega a camuflarse.

A veces soy tan astuto
que consigo engañarme.

Obsérvame, doctor.

No soy lo que ves,
ni soy quien digo ser,
ni soy lo que quisiera.

¿Es grave?

REALIDADES

I

La realidad que habita en los confines
al margen de admiraciones u objeciones,
al margen de que existan percepciones,
microscopios o telescopios.
Constelaciones.

Todos esos universos bajo la lente
que forman comunidades en mi organismo,
en donde a cada momento se libran
batallas tan reales como las que existen
en el núcleo de nuestra ignorancia.

Realidades aumentadas
hasta la desproporción
o fragmentadas con devoción.
La realidad invisible y la periférica,
cruda o cocinada a tiempo lento.
Adulterada, manipulada.

Esté a la venta o gratuita,
tiene fecha de caducidad.

Se impone con la misma contundencia
que todo lo que sucede a la espalda,
lo que acontece fuera del campo de visión,
como lo que sucede en la casa de al lado
de donde llegan algunos ruidos ininteligibles,
las realidades de otros, que entiendo reales.
Subjetivas.

(...)

Como aquella melodía que brotó
en el laberinto de mi mente
mientras hacía la compra
y murió en el olvido frente a la cajera,
cuya cara he olvidado.

El rayo de sol que sorprendí esta mañana
entrando por la ventana del dormitorio
y se revolcaba entre las sábanas
y los restos del amor.

La aparente realidad tras la ventana
o tras la barrera.
Nunca llega a ser palmaria.
Esa otra que vive entre rejas o vallados.
La realidad virtual:
realidad secuestrada, opacada.

A veces la realidad
se muestra sin traducción
y se sitúa en la lejanía
de una lengua extraña, incomprensible.

Realidad porosa e imprecisa,
sin contornos, como este presente
que viaja al pasado o al futuro.
El recuerdo inmaterial
que excita mi memoria:
ese espacio inestable
donde guardar lo memorable,
cualquier realidad imaginable.

II

La realidad impactando en la conciencia
provoca un chispazo y recrea
la invención del fuego.
Por un instante se le transparentan
los detalles, y se muestra enigmática
a ojos de cualquier escéptico presente
que viva en ella.

No es fácil gestionar
la irracionalidad de la realidad,
rara vez la verás en sus cabales.
Se asienta sobre subjetividades.

Resulta tan misteriosa y seductora
que la ficción intenta suplantarla,
aunque no hay naturalidad suficiente
para emular el disparate.

Muchos aseguran conocerla,
otros desean que les cuenten
cómo es en realidad:
poliédrica, polisémica,
polifónica, polirrítmica… polifacética.

Siempre hay quien quiere transformarla,
pero es innecesario, es en esencia transformista.

(…)

Desde algunas perspectivas se puede observar
que la realidad no tiene núcleo, tan solo periferias.
Es insoluble a teorías y profecías
no se aviene a un orden cronológico
ni admite ordenamientos o planes.

No hay regla ni compás para trazarla,
su recorrido es de naturaleza caótica,
ella decide si se muestra moderada o desmedida.

Si alguien pretende manipularla o pervertirla,
la realidad se puede mostrar tozuda.
Si algún alucinado desea que se repita,
se manifestará onírica o ficticia.
Insumisa.

JUDAS

El amor en los textos sagrados
merece un tatuaje:
«Partícula de amor».

Judas no sabe besar,
pero lo intenta a cualquier precio.
Nadie le besó, nadie le enseñó
cuándo, dónde, cómo, con qué intención...

Lo hace como puede:
con hipocresía,
con el filo de la doblez
del amor financiero.

Judas, el pionero de la economía liberal,
de la especulación y los conflictos de intereses.

El primero que entendió
que todo dios tiene una tasación.

—La voluntad es buena institutriz,
si no sale por cantigas
y dice: *la necesidad obliga*—.

La doble moral
mancha con el castigo.
La historia retuerce
el concepto y los elogios,
y desprecia la ternura.

Desequilibrio emocional,
tráfico sentimental
o la partícula del amor.

(...)

Hay donantes de cinismo,
asépticos tecnócratas del fango
que no se ensucian de afectos.

La usura es objeto de deseo
para los siniestros triunfadores
que engendran ausencia
de amor de madre.

Judas:
nombre estigmatizado, sin par aparente.
Un hombre adelantado a su tiempo
que nació manchado por el desamor
y buscó besar o ser besado
a cualquier precio.

Quien no ha sido amado
espera un beso cualquiera:

desinteresado o pagado,
caducado o calculado,
cínico, frío
o mal plantado.

LA BRUTALIDAD Y LOS AFECTOS

La brutalidad y los afectos
no encuentran la paz.
No hallan palabras puente
ni diálogo coherente.
No hay concordia posible
en la intolerancia ferviente.

Cuando la atrocidad tropieza
con una palabra amable
la desprecia, la escupe.
En su cerebro los afectos
provocan desvariados efectos.

La crueldad está viciada,
no lo puede dejar,
ya ni lo intenta.

Está sentenciada
a malvivir erre que erre.

En la selva delirante
no crece el verbo transigir.
No se cultiva.

El rehén del inmovilismo insatisfecho
se ejercita en la bárbara condición
disidente de lo humano.

La bestialidad no presenta
ni conlleva una fórmula magistral.
Tampoco ve menester
ofrecer la excelencia.

La brutalidad no necesita pretextos,
amabilidad ni razonamientos.

(...)

Te los puedes guardar.

Tiene una grotesca debilidad:
lo vulnerable.
Su víctima más deseada,
su bocado, su pecado más tierno.

En la brutalidad no nace fraternidad,
no crecen brazos para abrazarse
ni puntos en los que apoyarse,
en los que encontrarse.

Si se descubriese uno
se podría determinar
el momento exacto
en el que el homo
se erigió sobre sus dos patas.
Los fanáticos de la violencia,
eminentes expertos en desgracias,
manipulan las brújulas,
pretenden marcar la dirección,
las horas y las rutas
más cortas al delirio.

Una ecuación emocional
de química turbulenta
con la visión cancelada.

Camino, en fin,
de una prehistoria distópica.

Qué hará la sinrazón
cuando descubra que han pasado siglos.

INGESTAS

Si de alguna manera
soy cautivo
no debo tomarme
la libertad
de un trago.

La ebriedad
me apresará aún más.

En este sentido,
quien es parcial
no debe tomar
la justicia
con glotonería.

Es altamente peligroso
tomarlas juntas.

Ambas crearán
una percepción
difícil de corregir
de forma racional.

Los efectos secundarios
crean una línea porosa
entre realidad y ficción,
entre dentro y fuera,
entre el Nosotros y el Yo.

PSICOLOGÍA DEL SILENCIO

El ruido cala,
hace un butrón en el alma.

Armado el alienado,
dinamita fraternidades,
camufla el aburrimiento,
une para distanciar
en redes y fiestas populares,
una orgía de extorsiones,
una promoción de cacofonías.

El ruido ahoga
más de mil palabras.

Ruido sintético que apenas
puede silenciar la noche.

Insaciable la gula atronadora
del planeta ruidoso.
Ensordecedora incontinencia.

Pero no solo se vive de ruido,
de otros sustentos respiro.

Existen indispensables tratados
sobre psicología del silencio.

Enciclopedias escritas
con polvo de estrellas.

Un prodigioso artefacto.
Una oportunidad.

(...)

Son imprescindibles palabras
con aislante acústico,
intachables.

No es necesario mendigar
un poco de ruido,
es un agasajo,
lo habitamos hasta la demencia,
hasta la profanación.

Hasta que no nos conozcamos.

SE ACABÓ

Se acabó. Ya no más.
Espero que esta haya sido
la última vez que se me ocurre razonar
con un témpano de hielo.

Me sucedió algo parecido
con una joven lechuga
muy obtusa, aferrada
a una posición inmovilista.

Y en muchas ocasiones
me relaciono también
con fenómenos tormentosos,
estos llevan una carga dramática
digna de ser representada
en los mejores escenarios,
—y columbarios—
por un elenco de estrellas
y cuerpos terrestres.

Tienen mirada altiva y corta
y tienden a la sobreactuación.

Les encanta ir acompañados
de espectaculares juegos
de luminotecnia y artificio.

Se acabó, no dispongo
de otro error
ni me asiste más paciencia.

OVEJAS

Hay ovejas
que sueñan con lobos.
Anhelan esa condición
y aúllan.

En los espejos
no se reconocen,
encubren su identidad
construyendo capas, ruido.

Sienten temor a perderse
y les aterra encontrarse.

Apenas se alejan
y ya desean regresar
a los hormigueros,
sus despensas de miedo,
para encontrar la paz
en el mimetismo de la manada.

Para no descubrir
al asesino que alimentan
cuando pastan
en las carnicerías
de los valles desangrados.

PATOLOGÍAS VIRALES

La admirada incultura elitista
con inteligencia artificial
viraliza sus patologías.

Crea contenidos
basura digital populista.

Incauta la vida
de incultos incautos
con inapetencia intelectual
y aspiraciones elitistas.

Así cuadran los círculos
y las cuentas

y allanan el terreno
y encefalogramas.

NO EMPATO

No dispongo de voluntad justiciera
ni de la valentía del pusilánime.

No puedo explicar cómo es
la empatía del fanático,
ni soy capaz de aprender
las oraciones
de la hipocresía religiosa.

Tampoco sé qué motiva el ánimo
de los exitosos predadores

Admito desconocer
la realidad distópica
del desalmado
y no poder razonar
sobre la irracionalidad
de un entusiasta de la ignorancia.

No me ha sido concedido
el disléxico sentido común
del servidor público
con espíritu privatizador
y desconozco dónde van
sus palabras y su botín.

No consigo alcanzar el conflicto interno
ni la ensangrentada concordia del belicista,
o el conmovedor amor del candoroso verdugo.

(...)

No alcanzaré la condición humana
del piadoso genocida
o el altruismo a ultranza
del fraternal totalitario
ni siquiera la sobria
ebriedad del odio.

Mi sentimiento no empata.

No me ha sido dada la fe del terrorista,
la de los esbirros de los dioses,
ni evoluciono al ritmo
de las innovaciones religiosas.

Mi compromiso no alcanza
la determinación del indolente.

Ya no espero tener
la generosidad encomiable
del bondadoso avaro.

No igualo el sentido libertario
de los frívolos esclavos liberales
ni mis conocimientos alcanzan a comprender
las lecciones del involucionista
o la coherencia del conservador
reaccionario postmoderno.

No sé cultivar la semilla
de la indiferencia
ni vuelo para provocar
la voladura de las hermandades.

EL TIEMPO Y EL ORO

Los guías espirituales
de las finanzas,
corrigen la cojera
del bursátil universo
y acuñan términos
para aquilatar las ganancias:
¡El tiempo es oro!

Y los buscadores de pepitas
y fans de los juegos de azar,
corren como cronómetros dramáticos
a invertir y subvertir.

Pero el tiempo no se presta
a especulaciones
ni precisa enredarse en aleaciones
ni está sujeto a vínculos afectivos
con usureras compañías
que intentan desalmarle,
con total frivolidad,
tratarle como un objeto,
despojarle de misterio.

Vaciarle de esencia
y rellenarlo de un dócil
y frío vacío.

Equipararlo a quincalla,
devaluarlo, restarle brillo.
Someterle a un régimen
mercantilista de la existencia.

(...)

El tiempo es lo que contamos
y el que cuenta. El viaje.
El tesoro.

El adorado misterio de atravesarle.
Que cuente conmigo
y yo cuente con el tiempo.
Este es todo el patrimonio,
mis activos, el valor refugio.

Ay, virulento oro de fiebres,
de brillo sin brillantez
y de valor sin coraje.

Proyecta pobres sueños,
deficientes.

Traumas, tramas, trampas
en el mercado de subastas,
donde comprar tiempo y placebos,
y construir guaridas de miedo.

El oro no será tiempo,
no alcanza el valor de vida.

NO BUSCO LA ETERNIDAD DE LOS PLANETAS

Los años hacen carne curada.
Un proceso temporal habitado
de esperanzas de ser alimento,
antes que de la Tierra o del Fuego,
pasto de las pasiones.

Quiero dejar en tu boca el último aliento,
por dar a los sentidos tanto sustento,
y separar la espina de los errores,
por regar las flores suculentas de mi veneno
y cumplas tu promesa de devorarme,
por boicotear el ritual
de los días cotidianos sin liturgia.

Albergo el deseo nato de contagiar,
ser instrumento y donante,
ser sustento y hambre,
morir enfermo de amor a cada instante.

Poder devolverlo todo, nada quiero llevarme.

No busco la eternidad de los planetas
ni busco el curso de un agua nueva.

Marcado por la porosidad de la tierra,
busco una mano cuando la doy.
Una que parte o la que llega,
la que recibe, la que se entrega.

MIGRANTES DE SÍ MISMOS

Ninguna música había nacido
en aquel átono lugar.

Nada era capaz de reverberar allí.

Algún ave de paso había dejado caer
la estela de un pesado graznido
en aquella tierra enferma de anhedonia.

En donde la comunidad
permanecía anclada a la deriva
en una rutinaria noria
espacio-temporal.

Prisioneros, sin poder echar raíces,
sin posibilidad de florecer.

Incapaces de imaginar
la aventura de perderse.

Migrantes de sí mismos,
hacia un destino sin asombro.

MAPA DE LOS PRONÓSTICOS (EL FUTURO ESPERA)

Necesitamos la tormenta
perfecta
que sea capaz de borrar
del mapa de los pronósticos
el futuro que nos espera,
bastante decepcionado,
a juzgar por la mirada desafiante que trae.

Los pronósticos anuncian
que será ingrato.

El futuro está contrariado.

Se encuentra en una tesitura
que no va con su carácter
ni con su voluntad evolucionista.

No le gusta
que le tuerzan los planes
ni el brazo,
que le alteren los tiempos
ni el paso.

Nunca hubiese pensado
de sí mismo
que llegaría a ser una amenaza.

Él, que siempre fue esperanza
en todos los pronósticos.

INFLACIÓN

La inflación subyacente
de la decadencia
eleva el riesgo
de pobreza intelectual
en la población,
que atraviesa
serias dificultades
para llegar con dignidad
al final
de su ciclo vital.

FE DE ERRATAS

Hay fe de erratas
donde hay odio en la fe
o fe en el odio.

Erratas que delatan.

En ese no lugar
las oraciones
son interesadas.

Sin interés
espiritual.

No se ofrece,
se pide.

No se ruega,
se exige
obediencia
proactiva.

Sometimiento
al mandamiento.

Se exhorta a las alturas,
para que envíe otro hijo
y lo señale.

Le será ofrecido
en ferviente sacrificio
y muestras de teatralidad,
a cambio de perdonar
los pecados, faltas y delitos.

Y reactivar el negocio.

EL ORIGEN

El principio fue la Nada
Nada era Todo.
En el espejo universal
Todo era Nada.

Todo llegó sin herencia.
Todo lo que tenía era Nada.
A decir verdad, lo tenía Todo;
no se puede tener más.

De tal forma que
tener Todo era como Nada.

Todo contaba con Nada.
A Todo, Nada le satisfacía.
Todo se ofrecía.

Todo llegó a decir que para él
Nada lo era Todo.

Dado el contexto,
puede parecer una frase hueca,
Nada más lejos;
ante Todo, honestidad.

Todo esto no cambia Nada,
aunque Todo decida cambiar
Nada no cambia.
Salvo para contrariar a Todo
o especular con Todo.
Nada quedaba al azar.

(...)

Se puede tener Todo
sin contener Nada.
Se puede tener Nada
y contener Todo.

En un principio, ya digo,
fue la Nada.
Todo, la misma cosa que Nada.

Esto es Todo. Nada más.

DOLORES Y SERAFÍN

Su reloj biológico retrasaba la hora,
el miedo le impedía avanzar
hacia un terror habitual, salvaje e imprevisible,
hacia una realidad ambientada en pesadillas.

Las insistentes llamadas a lo largo del día
Anunciaban... amenazaban desgarros.

Llegar a casa y enfrentarse a ese hombre, ya desconocido,
entrenado en la dominación e incapaz de dominarse
(bestia con discapacidad emocional
pretende vencer complejos
por la fuerza, actuando en piel ajena).

Ella necesitaba un salvavidas, se ahogaba,
se sentía incapaz de atravesar una lágrima más.

Nada más entrar se desató la tempestad
y todo pasó a negro, a frío, a miedo.

El monstruo tenía un nubarrón amenazador
sobre su cabeza delirante.
Comenzó a lanzar rayos, truenos,
vientos huracanados; y volaron
platos, sillas, insultos, golpes...

En el corazón de Dolores se hizo invierno
en todas las esquinas violadas,
un terremoto de magnitud inhumana la desterró
a una intemperie carcelaria de hielo y espino,
una zona desértica y degradante, inhabitable.

Serafín fue detenido cuando acariciaba un cuchillo.
En el filo de su mirada, Dolores pudo entrever
la linde del infierno.

ÁNGEL MORA ROMO

CORAZÓN PERDIDO

Custodiado
en una oficina
de objetos
perdidos.

Desolado
late por inercia,
sin motivo
aparente,
un corazón
sin nadie.

Sin abrigo.

Y
en algún lugar
alguien fantasea
con su existencia,
su condición
y categoría.

(Hay quien le admira.
Es fan de las muñecas).

Unos lamentan
su presencia,
y otros celebran
su ausencia.

CONTEMPLACIÓN DE LA BELLEZA

Tras pintar
una naturaleza
muerta,

el acuarelista
tuvo un pálpito:

sospechó que estaba
vivo.

BUSCANDO UNA DEFINICIÓN

No quiero calificarte con un adjetivo,
—está muy manido—, aunque es una tentación.

Con un número sería ordinario,
casi una falta de respeto, —a ambos—.

Hacerlo con una canción puede ser excesivo,
aunque podría ser una balada instrumental,
ramplona y cacofónica con muchas tensiones,
con una armonía caótica y un ritmo incierto.

También puedo intentarlo con un color.
En este caso tengo que especificar mucho,
porque tiene que ser solo uno,
dos sería una fiesta.

Lo más aproximado sería
un color neutro.
Uno dentro de una gama de grises.
Algo entre gris y negro.

Tengo que pensar si habría fondo,
—sé que esto es una fantasía—
no quiero exagerar
ni decir algo desproporcionado.

No... ya lo tengo.
Lo más certero
será definirte
con una temperatura:
pez.

CAUSA EFECTO

Se apaga
el corazón
que nada prende.

Se enciende
la desdicha
de una flor
que nadie olió.

Se despoja
de impaciencia
el anhelo
de quien nada esperó.

Se agota
la fuente
si nada regó.

AL OTRO LADO

I

La refracción falsaria del espejo,
ofrece su manzana y su veneno.
Le gusta cosechar bellos halagos
y pretende actuar como alter ego.

Una copia extraplana del auténtico,
sin el que no tendría presencia ni presente,
que apresa al pasmado en su reflejo,
huérfana de osamenta y sangre caliente.

Sueña poder ser genio y figura,
y juega a quién es quién, el caradura.

No le basta ser imagen, quiere ser alguien,
y emplea su estrategia y malas artes.

Busca la más íntima complicidad,
porque sin ella es solo un espejismo.
Capaz de suplantar y traicionar,
para tener un corazón, un alma, un abismo.

Hay espejos insolentes
imposibles de mirar,
pues muestran justo aquello
que se pretende ocultar.

El brillo embaucador de los espejos
hace aflorar al narciso sin defectos.
Teje su telaraña el ente vanidoso y banal,
el inorgánico voyeur seductor y fantasmal.

(...)

El tirano del fondo de tu reflejo,
el *influencer* de mundos para lelos,
narcotiza la realidad sin un complejo
y convierte a cada ser en un objeto.

II

Adorar la imagen, amarla más que a sí mismo.
Provocar que la realidad se quiebre.
Someterse a ese amor platónico,
a ese insulso onanismo

dando carácter de veracidad a una figura
que solo existe en ciertas superficies,
donde el ego proyecta un elenco de locuras
y pretende conectar con el Yo inseparable,
para vampirizarle y suplantarle.

Una existencia impropia, resplandeciente,
en busca de propiedades y de asientos,
una presencia frívola, sin sentimientos,
en donde el cuerpo se presta al juego de su réplica:
un truco teatral sin arte ni argumento.

Planea provocar algún colapso
si no consigue imponer su proyecto.

El desalmado anhela un alma
a la altura de sus expectativas,
que susurre: voy a amarte más que tú mismo
nadie será más leal,
nadie como tú te sabrá traicionar.

El Gran Hermano privatiza
tu carácter y tu credo.

(...)

El hombre que me imita
con absoluta naturalidad,
amaga con quebrar nuestro secreto.

Es una franquicia insolente y majara,
que, con gesto cómico y familiaridad,
hace muecas en mi propia cara.

SENTIMIENTO ENCRIPTADO

Hay un abrazo impuro
en ese saludo
que esconde
la intención
de hacerla suya:
una música cacofónica.

La percepción alterada,
el sentimiento
encriptado
del manipulador.

Esconde su intención
el depredador.

El trampero sentimental
flirtea consigo mismo
con la mayor naturalidad
que es capaz,
para que el espejo
no lo delate.

CADA PASO

El juicio arroja
una sentencia liberadora:
un hombre condenado
a la obediencia
queda al servicio
de su conciencia.

No gasta en distracción.
El tiempo es la fortuna.
Quien sueña no puede dormirse.
Como no debe cerrarse
quien pretende abrir caminos.
Uno a cada paso.

Siempre partiendo,
siempre llegando.

Hacia su alma o la de otro ser.
Hacia el interior o a la intemperie.

Con la misma determinación viaja
hacia el amanecer o hacia la noche.

Las rutas marcadas
son un proyecto de fracaso.

En el vehículo incombustible
del deseo
el viaje es la brújula.

SIN DIRECCIÓN (EL MENSAJERO)

Aunque no habíamos
dejado constancia
de nuestra dirección:
porque siempre
fuimos sin ella,

el pasado,
que al parecer ejerce
de eficiente mensajero,
ha dado con nuestro paradero.

Nos ha traído
este presente distópico
que no podremos
devolver
en un futuro
inmediato.

SIN SALIR DE CASA

Eres el compendio
de todos los paisajes
terrestres y celestes,
oníricos, pictóricos,
cinematográficos.

Englobas todas las geografías:
la enciclopedia del Universo.

Contienes toda la Ciencia.
Todas las lenguas.

Compones las letras
y las dejas en mi boca.

Tus manos tatúan
en argot y dialectos.

En ti se representan
las artes.
En tus ojos el cosmos
y los fondos marinos.

En tus sueños
recursos naturales.

Te miro mientras duermes.
Observo en silencio
durante horas.

No sabes lo que te pierdes.

(...)

Es imposible compartir
contigo este instante.
Y si no es contigo,
no lo haré con nadie.

Me siento afortunado
por poder contemplar
el espectáculo
sin salir de casa.

TUVE QUE INVENTARTE

Tuve que inventarte
para que vieses la luz.

Me inicié sin ciencia,
por intuición.

Planteé varias hipótesis:
derruir lo que quedaba,
crear un nacimiento
o restaurar
sin ocultar cicatrices.

Comencé por idealizarte.

Con serenidad
compuse todas las miradas,
reparé toda emoción.

De dentro a fuera
de fuera a dentro.
Afinando el argumento.

Las canciones
lo escribieron así,
lo entonaron necesario.

No iba a ser yo un obstáculo.

UNANIMIDAD

Por unánime locura
y en ceremonia solemne
—demente—

el Consejo de Necios,

por mayoría absolutista,
acuerda:

—con cordura inconsistente—

la disgregación de sabios.
Un golpe de talonario.

LLEGAR A LA POESÍA

Hay una línea invisible
que no es fácil encontrar
la misma que ha de llevar
lo utópico a lo posible
y lo burdo a lo sensible.
Yo lo intento cada día,
y al poema gustaría
poder encontrar camino
para alcanzar su destino:
llegar a la poesía.

TEORÍAS

Demasiadas teorías
obstruyen aguas y peces.
Me da placer si me meces
aunque escuche naderías
carentes de poesía
vaciadas de contenido
abocadas al olvido.
Retórica intrascendente
y memeces recurrentes
resultan tiempo perdido.

TESTIGOS DE EXCEPCIÓN

La cicatriz lleva
al lugar exacto,
al momento preciso.

Señala cómo...
Narra cuándo, dónde, quién...

Expone los hechos,
traumatismos
y efectos secundarios.

Ella y las heridas
son las testigos
más creíbles.

CAÍN

Nadie se llamará como yo,
nombre y hombre irrepetible,
de ambición aborrecible,
¡para mi hermano, el amor!
¡Yo soy Caín, solo yo!

APRENDIZAJE

Cuando hallemos el resultado
de sumar uno más uno,
sabremos el valor de la colaboración:
sumar multiplica.
Cuando descubramos lo que somos
y la distancia a lo que decimos ser,
comprenderemos dónde estamos,
y nuestra fascinación por el relato
y los abismos.

MICROPOEMAS

No digamos que es perfecto
si esto es una anomalía.
El clima tiene defectos,
no me gusta este proyecto,
pero está haciendo buen día.

• • •

Un ósculo
minúsculo
creó un vínculo
mayúsculo.

• • •

Donde no existe
la Ciencia
suele haber
defiCiencias.
En esos casos
paCiencia,
remitirse
a la conCiencia.

• • •

Los peces
aún no saben
que el plástico
no se come.
Quién les dará
la noticia.

• • •

Inútil como el deseo
frustrado
de un suicida
inmortal,
como un amor
profiláctico.

• • •

Ir contracorriente
no implica
ir contra el agua,
—que sería ir
contra uno mismo—.
Como estar aquí, ahora,
no supone
vivir el presente.

• • •

El necio prepotente
tiene armas inteligentes:
una mezcla inconveniente

• • •

Sentado
ante el espectáculo cósmico
comprendió
que la soledad
es una fiesta.

• • •

El mirlo
ensaya su canto.
El cazador
destruye la partitura.

• • •

Decepción:
la perfección da error
y no alcanza
la belleza.

• • •

Millones de conciencias
hacen cola
en el túnel de lavado.

• • •

En la pantalla,
la realidad
duda de sí misma.

• • •

Calma:
ese estado
en donde el tiempo pasa
y yo paso del tiempo.

• • •

MATEMÁTICA SUBJETIVA

Una punzada de decepción
hizo explotar
la burbuja erótica.

• • •

Su belleza
inmóvil
incitaba a la pintura.

• • •

Las leyes no amparan
la muerte violenta
de una flor.

• • •

A última hora del día
descarga de la chatarrería
de su corazón
todo lo usurpado.

• • •

Aquel parto
fue una devolución
en caliente.

• • •

El corazón del bosque
está infartado,
y el del hombre
deforestado.

• • •

Era tan hermética...
nunca llegué a saber
por dónde se abría.

• • •

Prefiero plantar un árbol
que instalar una alarma,
me siento más protegido.

BREVEDADES

Parece corriente, pero está estancada.

• • •

La religión es criptonita para Dios.

• • •

Vamos ebrios de agua, aunque no lo sabremos
hasta sufrir síndrome de abstinencia.

• • •

Cuando no miro al futuro no veo el presente.

• • •

El mar está a nuestra orilla y, claro, se mancha.

• • •

Lo más destacable de un discurso suele ser la teatralidad.

• • •

La ignorancia desprecia la labor de quien enciende la luz.

• • •

Parece ser, pero es bulto.

• • •

En un conflicto, lo humano y lo divino son los primeros
desplazados.

• • •

Hay vivos que pueden resucitar.

• • •

La pestilencia perfumada no alcanza el magnetismo.

• • •

La codicia es la ruina.

• • •

La frivolidad es un tema de insolente actualidad.

• • •

Cuánto desinterés para ser tan interesados.

• • •

Los retorcidos también tienen derechos.

• • •

Una mente desafinada es un juguete para el manipulador.

• • •

No se sabe qué es el alma, pero se sabe que sin alma
no llegas a ser.

• • •

Hay nuevas herramientas que no arreglan
problemas antiguos.

• • •

Dios, sin hacer nada, no decepciona.

EPÍLOGO

Fuera de las aulas y de las geometrías del multiverso impera una matemática desequilibrada y depredadora, que escapa a los radares de la cordura. Se basa en una lógica invasora y evasora. Es fácilmente sobornable: corrupta y corruptora. Se reafirma en el expolio y la especulación.

Los cálculos abusivos descuadran los resultados. La Matemática subjetiva no admite que uno más uno sea igual a dos: para ella no hay igualdad. Tampoco tolera que de uno más uno no pueda llevarse uno: toda operación ha de arrojar un balance positivo, a fin de cuentas. No sabe empatar: desdeña la empatía. No tiene principios: solo fines.

Cuando hallemos el resultado de sumar uno más uno, sabremos el valor de la colaboración. Sumar multiplica.

Cuando descubramos lo que somos y la distancia a lo que decimos ser, comprenderemos dónde estamos, y nuestra fascinación por el relato y los abismos.

Todo caos simula un orden, de ello se encarga la matemática subjetiva, responsable de representar el melodrama de los venenos especulativos.

Hay hechos que dejan al desnudo el carácter de concepto abstracto de la matemática arbitraria, al tiempo que señalan una perversión: un golpe de estado de una escisión antipática de la racionalidad.

AGRADECIMIENTOS

A José Carlos Calvo por su obra de portada y su generosidad.

A Enrique Torres, Eugenio Parra y Silvia Mora, por su implicación, sus orientaciones y reflexiones sobre fondo y forma.

A Amelia Mora y María Cortés por sus comentarios.

A Lola Beneytez y Coral Piferrer por sus aportaciones técnicas, artísticas y gráficas.

Quiero agradecer a los mencionados anteriormente y a quienes se sumaron para ayudarme a decidir entre varios títulos e imágenes de portadas, que barajé para este poemario: Enrique Meléndez, Imanol Mora, Layla Mora, Andrés Bautista, Rosa Martínez, Gemma Cabadas, Rosa Domínguez y Pedro Gálvez.

Gracias por acudir a la llamada.

Índice